国宝有画说

汉画像石里的神话世界

周凡舒　编绘

河南美术出版社
·郑州·

图书在版编目（CIP）数据

汉画像石里的神话世界 / 周凡舒编绘 . — 郑州：河南美术出版社，2022.8

（国宝有画说）

ISBN 978-7-5401-5889-7

Ⅰ . ①汉… Ⅱ . ①周… Ⅲ . ①画像石 – 研究 – 中国 – 汉代 Ⅳ . ① K879.424

中国版本图书馆 CIP 数据核字 (2022) 第 113226 号

国宝有画说

汉画像石里的神话世界

周凡舒 编绘

出 版 人　李　勇
责任编辑　董慧敏
责任校对　裴阳月
学术顾问　朱存明
装帧设计　周凡舒
版式制作　杨慧芳
出版发行　河南美术出版社
地　　址　郑州市郑东新区祥盛街 27 号
电　　话　（0371）65788152
邮政编码　450016
印　　刷　河南博雅彩印有限公司
开　　本　889mm×1194mm　1/16
印　　张　6
字　　数　150 千字
版　　次　2022 年 8 月第 1 版
印　　次　2022 年 8 月第 1 次印刷
书　　号　ISBN 978-7-5401-5889-7
定　　价　88.00 元

序言

《汉画像石里的生活》一书出版后，因其充满趣味的生活描绘语言与独特的艺术魅力，得到了读者的好评。

如果说《汉画像石里的生活》描绘了汉代人现实生活中的场景，那这一本《汉画像石里的神话世界》则描绘了汉代人理想中的神话世界。

汉画像石里描绘的生活就是我们的生活。汉画像石里的神话世界，就是汉代人对自然、社会与人生信仰的呈现。在中华民族几千年绵延发展的历史长河中，中国人既重视现实生活，又重视对未来生活的憧憬。

汉画像里的神话最能体现中华民族神奇的想象力。无论是日中三足乌，还是月中蟾蜍、玉兔，古人把风雨雷电都拟人化了，体现了他们对自然的观察力、认知力。

日月神话反映了汉代人对光明的追求与向往。风雨雷电则是古代农业社会对自然力的拟人化。在汉画像石中，汉代人营造了一个自由浪漫的神话世界。

中华民族历史悠久，神话传说十分丰富。到了汉代，许多古老的神话被刻在汉画像石上，成为文物中的国宝。

国宝有话说，讲述了中华民族 5000 年的文明史。

“国宝有画说”，作者周凡舒神奇有趣的再创造，使古老的汉画走进现代人的视野，不仅小朋友们喜欢看，大人们也乐于接受并欣赏这一艺术形式。

甚感欣慰。

朱存明

（江苏师范大学文学院教授、中国汉画学会副会长）

目录

从日月星辰开始讲神话

神话中的风雨雷电

神话中的诸神

神话中的万物皆有灵

从神话到现实

从日月星辰开始讲神话

很久很久以前，人们还无法用科学解释那些生活中见到的自然现象，于是便借助自己的想象力描绘出了一个幻想中的宇宙世界。于是，以虚幻解释现实的神话产生了，并被汉代的石匠们镌刻在石头上。

天门

天门象征一个世界和另一个世界的界限。

日

在没有灯火的上古时期，月亮为漫长的黑夜带来了光明。月亮“身材”的多变为其增添了许多神秘的色彩。

白虎·月轮·玄武图
江苏师范大学博物馆藏

太阳给万物带来了光明和温暖。

羽人戏凤·日轮·龙舞图
山东苍山出土

月

为什么会出现昼夜交替现象呢

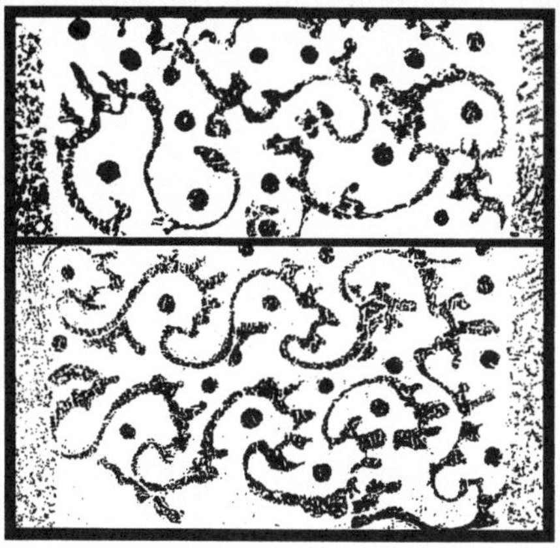

星云图
河南南阳高庙出土

日月星辰，东升西落，昼夜交替。为什么会出现昼夜交替现象呢？古人认为，可能在太阳和月亮上有什么能飞能动的东西载着它俩，比如鸟。

我们的日月很萌哟

金乌

金乌，也称“赤乌”。传说太阳上有三足乌，所以金乌也被用作太阳的别称。画像石中多以金乌来代表太阳。

金乌
陕西米脂出土

蟾蜍

画像石中多以蟾蜍和玉兔代表月亮。在神话故事中，嫦娥与玉兔就是住在月亮上的。

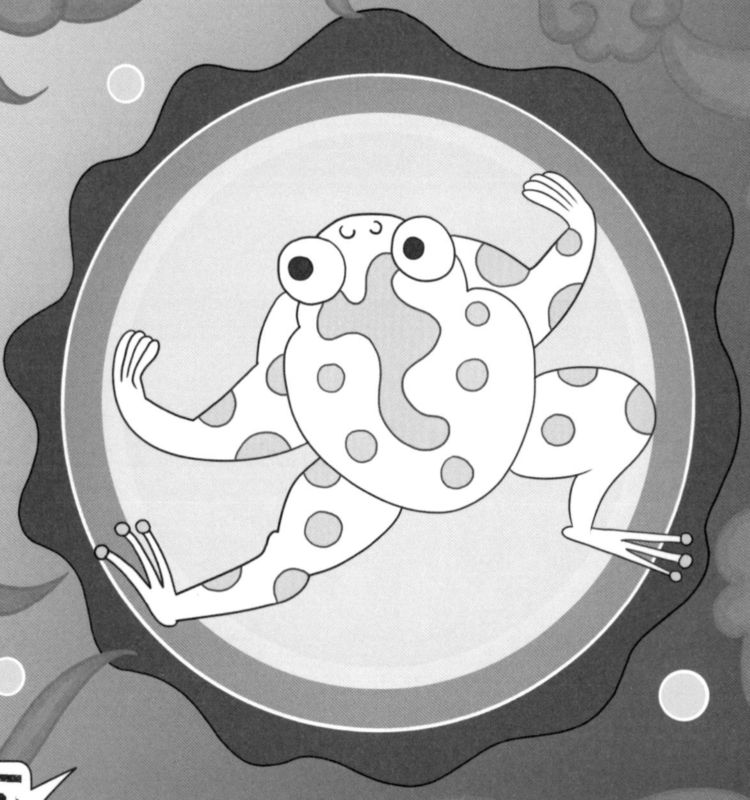

蟾蜍
陕西米脂出土

为什么画像石中的金乌有三只脚呢？难道是当时的工匠刻错了吗？

三足乌的由来

汉字的演变

观察自然

甲骨文

楷书

日

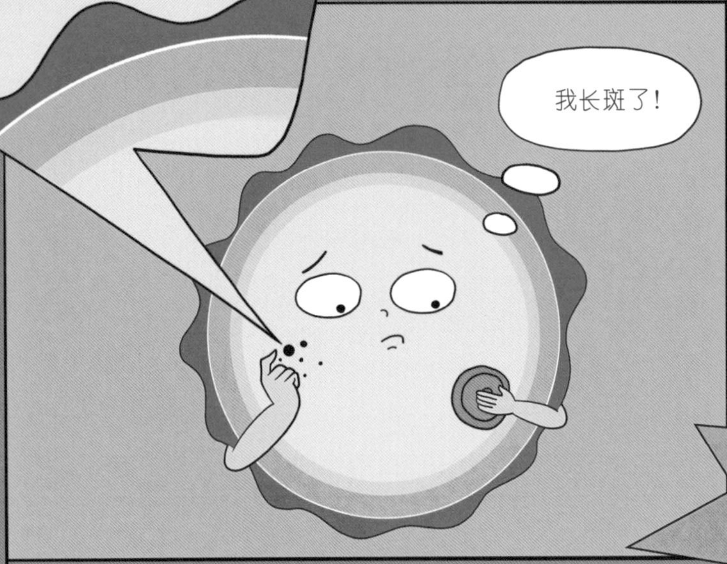

我们的祖先很早就发现了太阳黑子的存在。太阳黑子是太阳光球层上的暗黑斑点，通常是成对出现的。

中国在西汉河平元年（前 28 年）就有世界公认最早的太阳黑子记录。

仓颉
山东沂南北寨村将军冢出土

仓颉

传说中发明创造汉字的人。相传他身有四目，善观鸟兽踪迹，并仿其形体而制造了汉字。

三足乌的第三足是从哪儿来的呢？

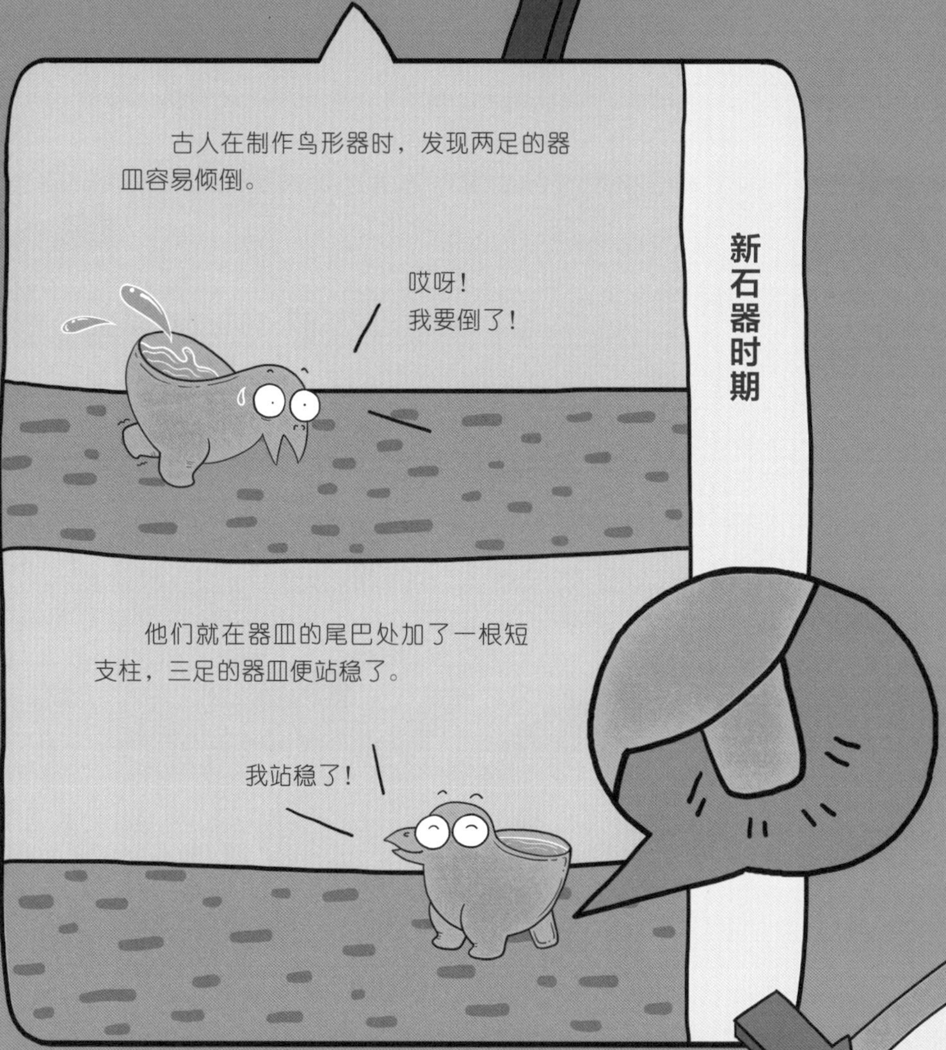
新石器时期
古人在制作鸟形器时，发现两足的器皿容易倾倒。
哎呀！
我要倒了！
他们就在器皿的尾巴处加了一根短支柱，三足的器皿便站稳了。
我站稳了！

陶鹰鼎
中国国家博物馆藏

日中三足乌
河南唐河针织厂出土

到了汉代，当现实生活与古老神话结合发酵后，汉画像石中出现了三足乌的形象。因此，并不是当时的工匠刻错了。

太阳的妈妈——羲和女神

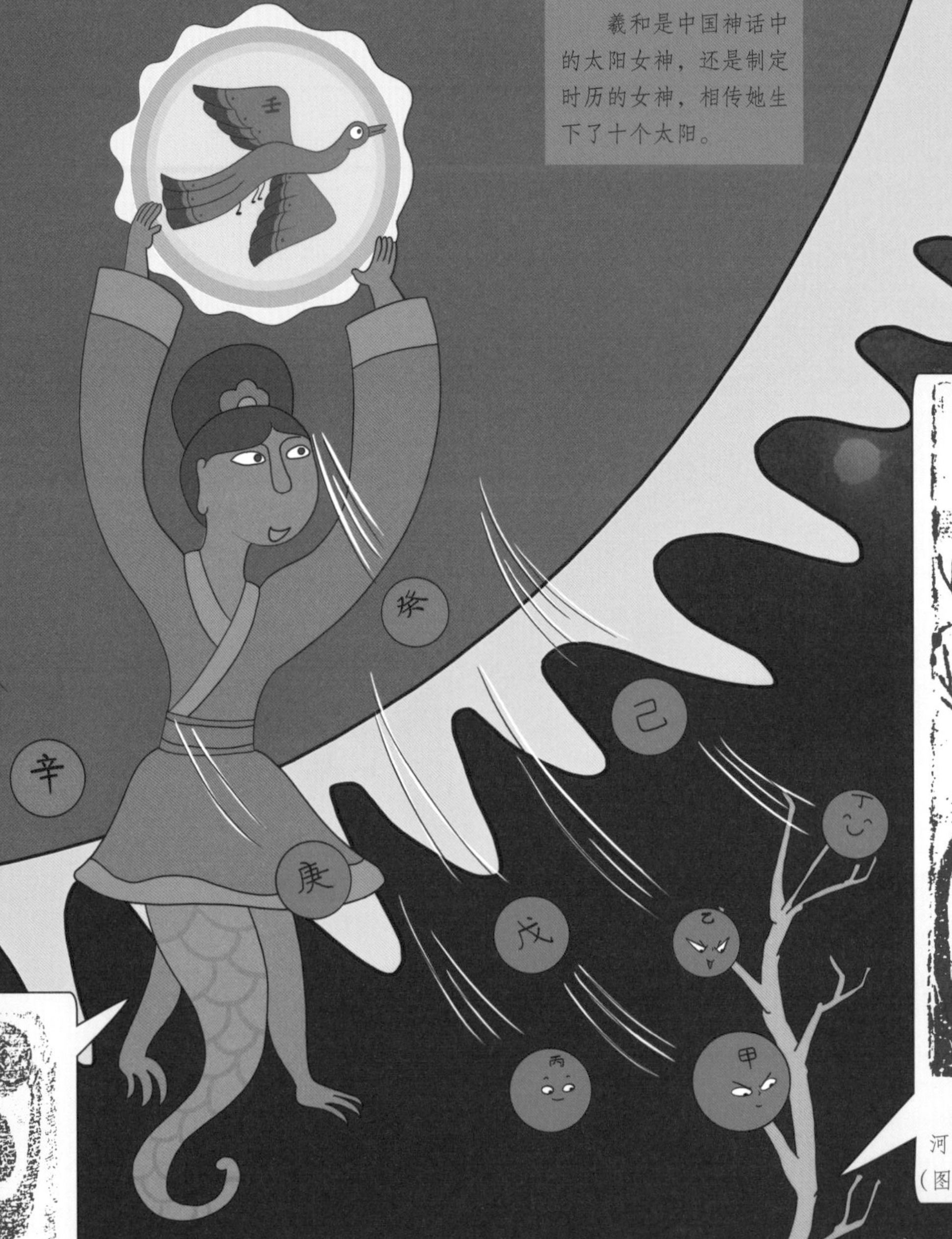

羲和

羲和是中国神话中的太阳女神，还是制定时历的女神，相传她生下了十个太阳。

羲和捧日
河南南阳出土

后羿射日
河南南阳出土
（图版水平翻转）

这十个顽皮的太阳不守规则，同时出现在空中，让世间的百姓苦不堪言。后羿举弓射下了九个太阳。“后羿射日”的故事流传至今。

日神（羽人）
四川新都出土（画像砖）

2021 年 10 月 14 日 18 时 51 分，我国首颗太阳探测科学技术试验卫星“羲和号”成功发射。“羲和号”的发射，实现了我国太阳探测零的突破，标志着我国正式步入“探日”时代。

“羲和号”，取“效法羲和驭天马，志在长空牧群星”之意，象征着我国对太阳探索的缘起与拓展。

月亮的妈妈——常羲女神

嫦娥姐姐，我们终于在月球上见面啦！

2020 年 11 月 24 日 4 时 30 分，我国在文昌航天发射场成功发射探月工程嫦娥五号探测器。

嫦娥
常羲
常羲为中国神话传说中的月亮之母，相传她生下了十二个月亮。
你看那月光多么明亮，一定是因为常羲妈妈给每个宝宝都洗得干干净净的。
常羲捧月
河南南阳出土

当太阳遇见月亮

太阳和月亮也不是一直都见不到面的，它们偶尔也会同时出现在空中，这种自然现象被称作“日月同辉”。

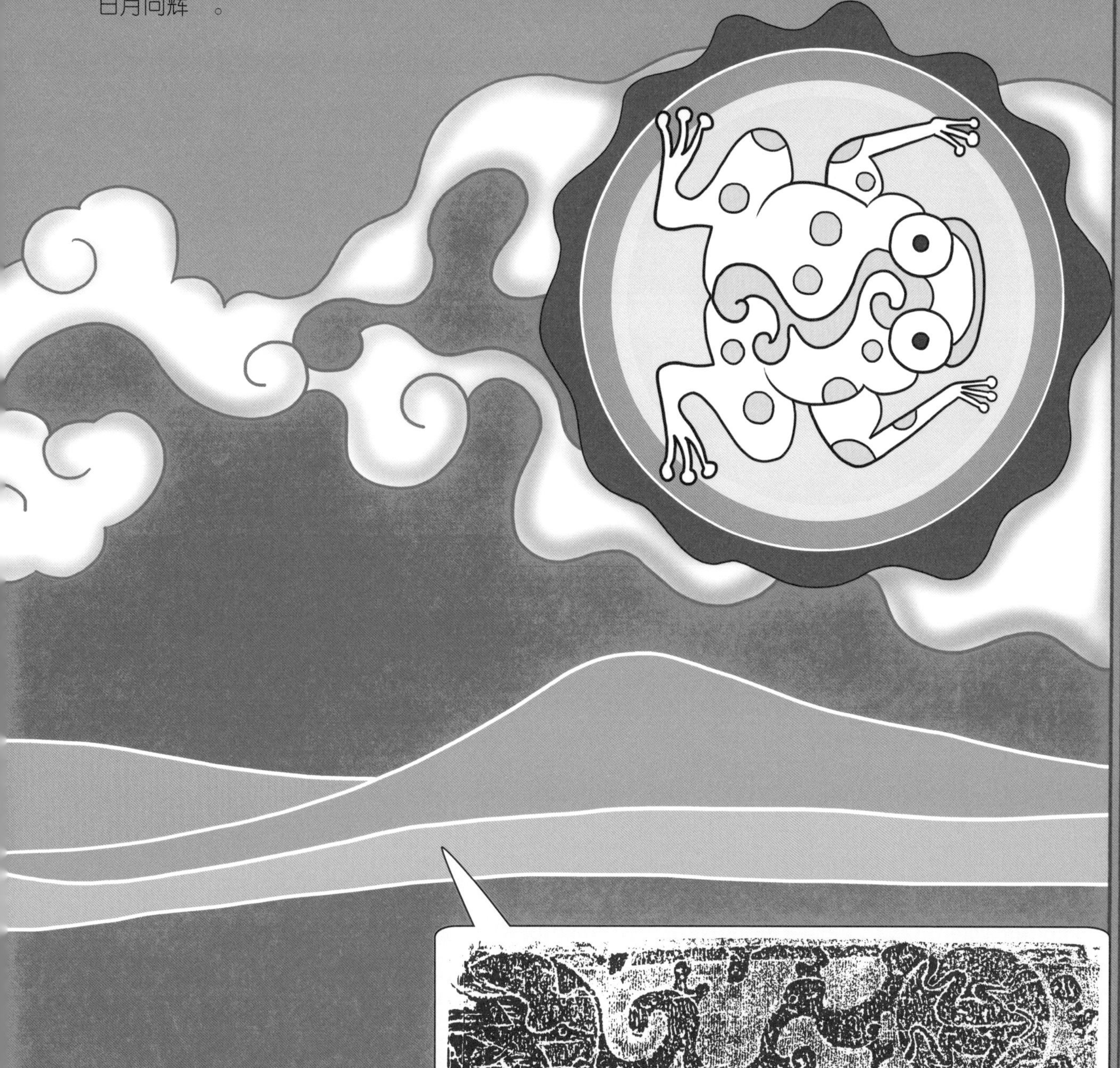

日月同辉

河南南阳出土

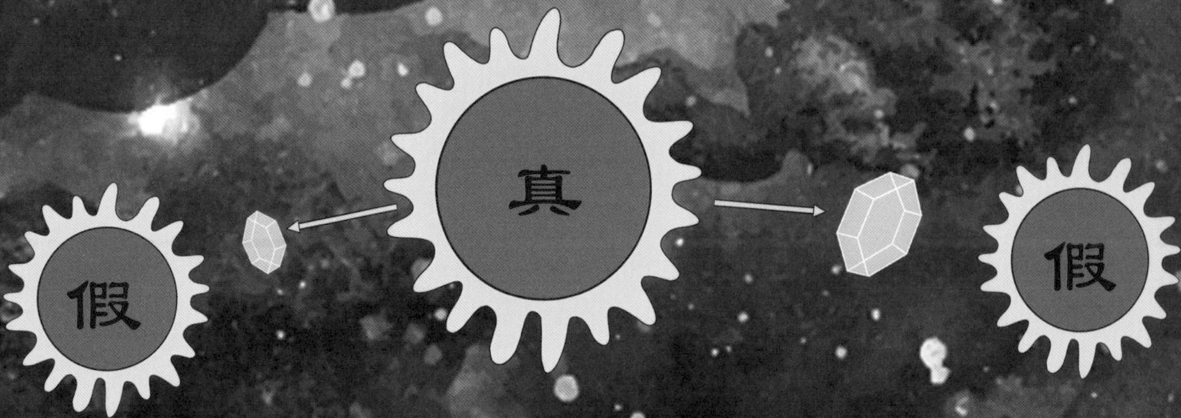

太阳光通过空中漂浮的六角形冰晶体折射出多个假太阳的现象，被称作“幻日”。

哇！罕见的天文现象

幻日
河南南阳英庄出土

为什么不抱我？
我们能相见好难得！

日环食

月球运行到太阳和地球中间时，太阳光中央部分被月球挡住，不能直射到地球上，便出现了一个环状光圈，形成日环食。

日月合璧
山东滕州黄家岭出土

日环食

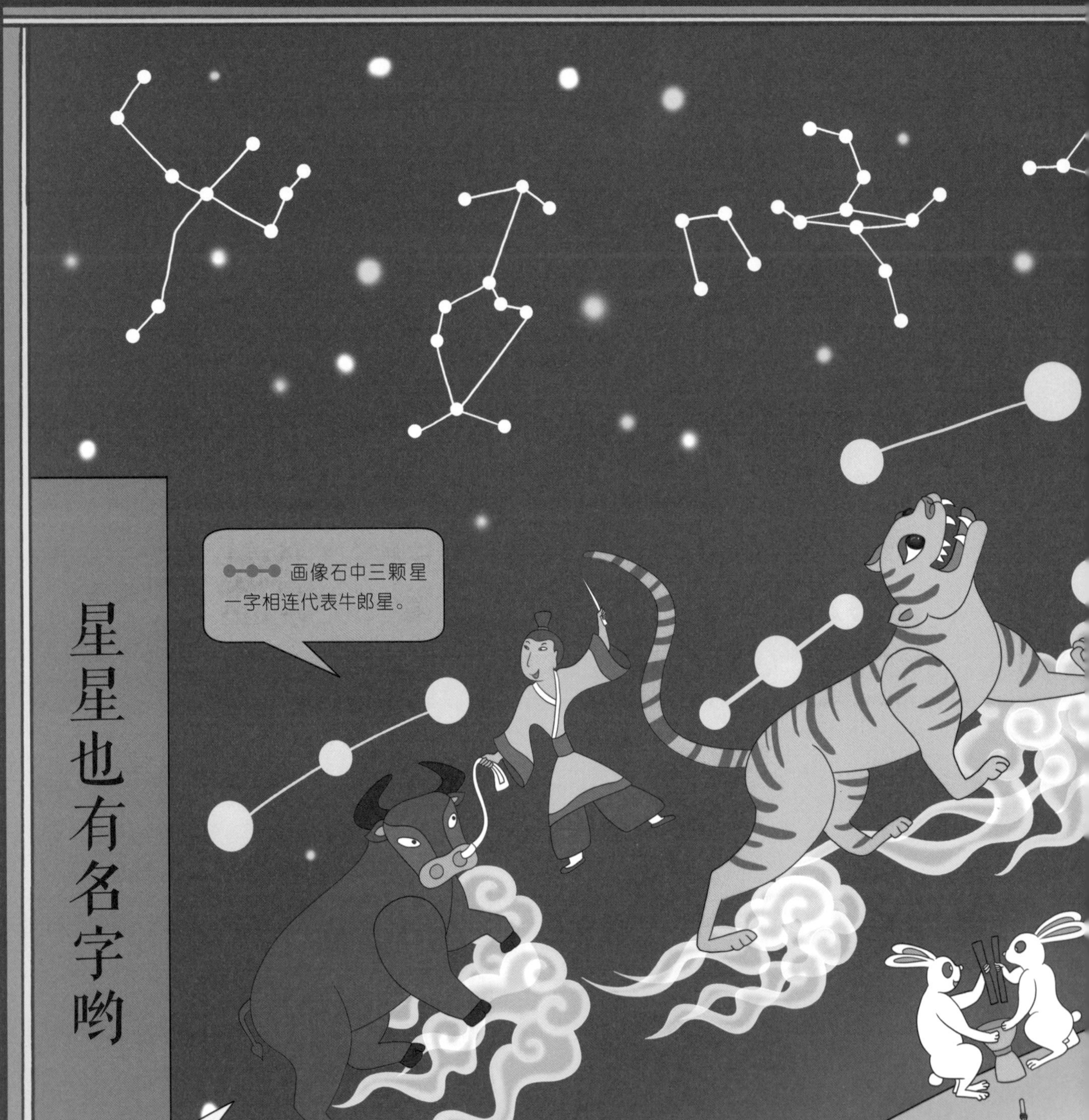
星星也有名字哟
画像石中三颗星一字相连代表牛郎星。
牛郎织女
河南南阳白滩汉墓出土（图版水平翻转）

我们的祖先将空中那些亮晶晶的星星连线，组合成一个个符号，并与 12 种动物相对应，由此便有了我们沿用至今的十二生肖。

画像石中三颗星围成三角形通常代表织女星，但也有例外。
动起来 ~

刻在石头上的日月星辰

汉代继承了楚国的浪漫情怀，在五彩缤纷的汉画世界中，充满了对未来世界的美好想象与期盼。

日月星辰
山东滕州官桥镇大康留庄出土

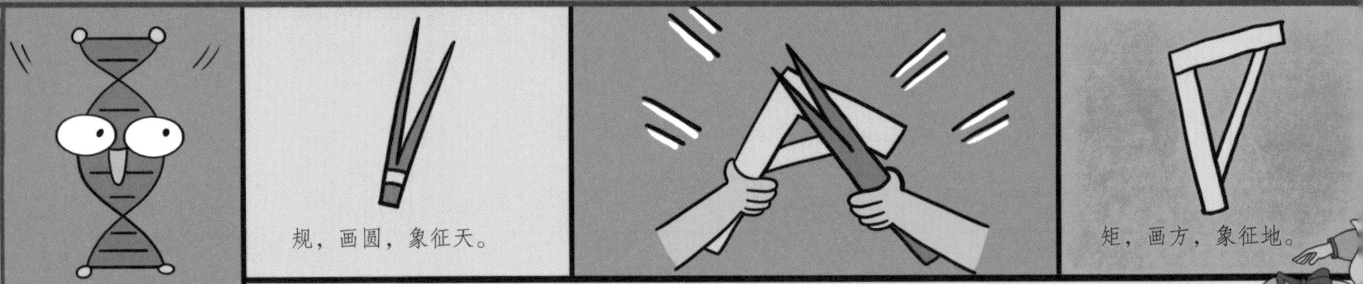
规，画圆，象征天。
矩，画方，象征地。

“我们”的由来

女娲
无“规矩”不成方圆。
伏羲

在汉代人心中，伏羲和女娲是拥有超能力的人类始祖。传说女娲创造了人类，并用五色石补天；伏羲教会了人们结绳织网、捕鱼狩猎，并制作了八卦。画像石中伏羲和女娲往往是一起出现的，除手拿规矩、日月之外，他们有时也会拿着芝草。

月

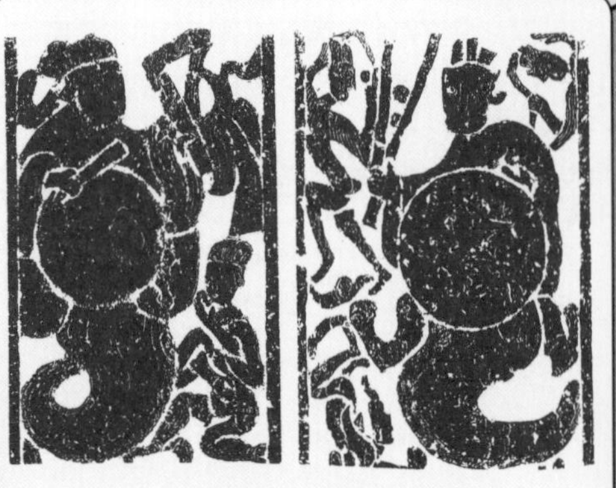

伏羲女娲与日月
山东临沂吴白庄出土（原石局部）

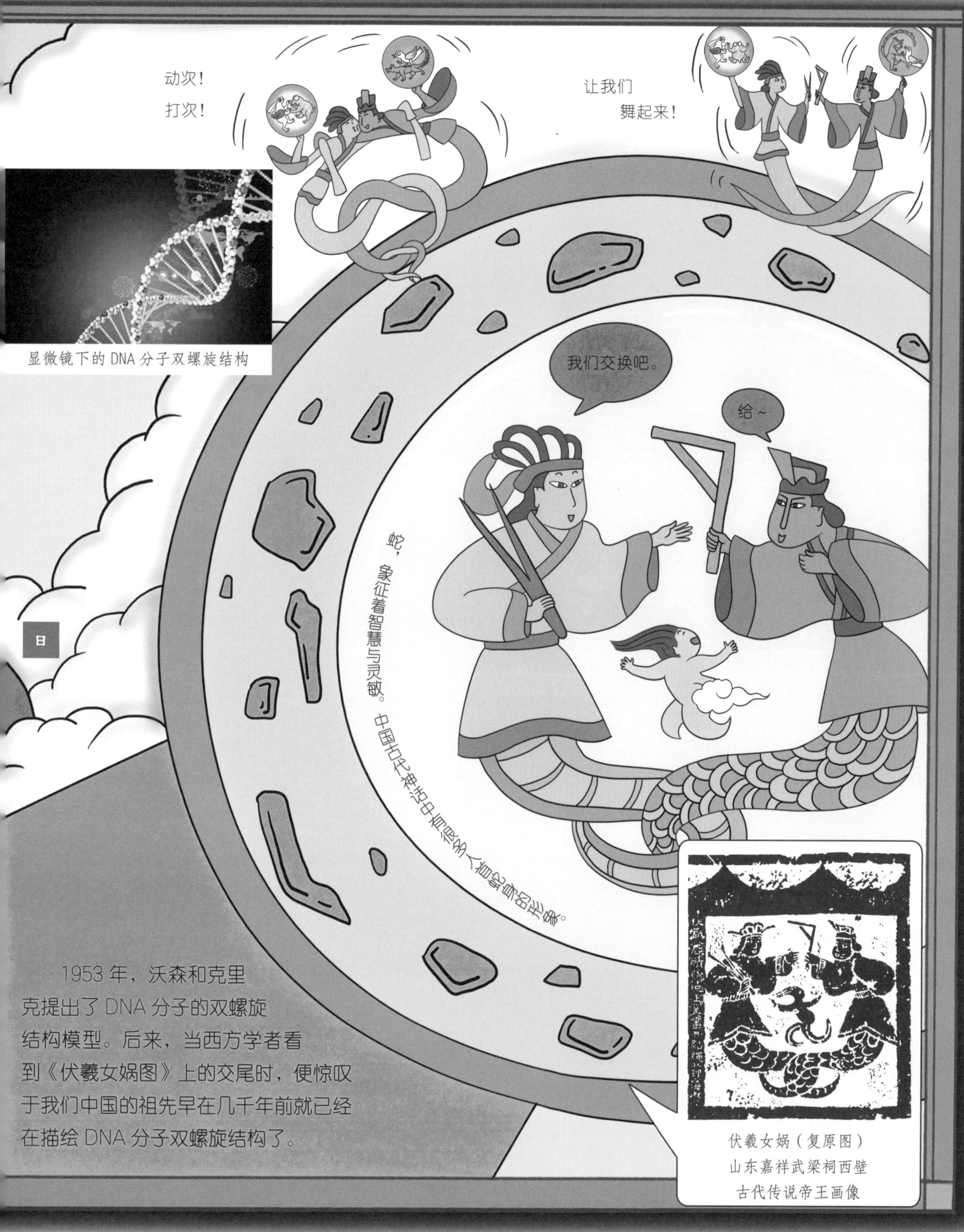

显微镜下的 DNA 分子双螺旋结构

1953 年，沃森和克里克提出了 DNA 分子的双螺旋结构模型。后来，当西方学者看到《伏羲女娲图》上的交尾时，便惊叹于我们中国的祖先早在几千年前就已经在描绘 DNA 分子双螺旋结构了。

伏羲女娲（复原图）
山东嘉祥武梁祠西壁
古代传说帝王画像

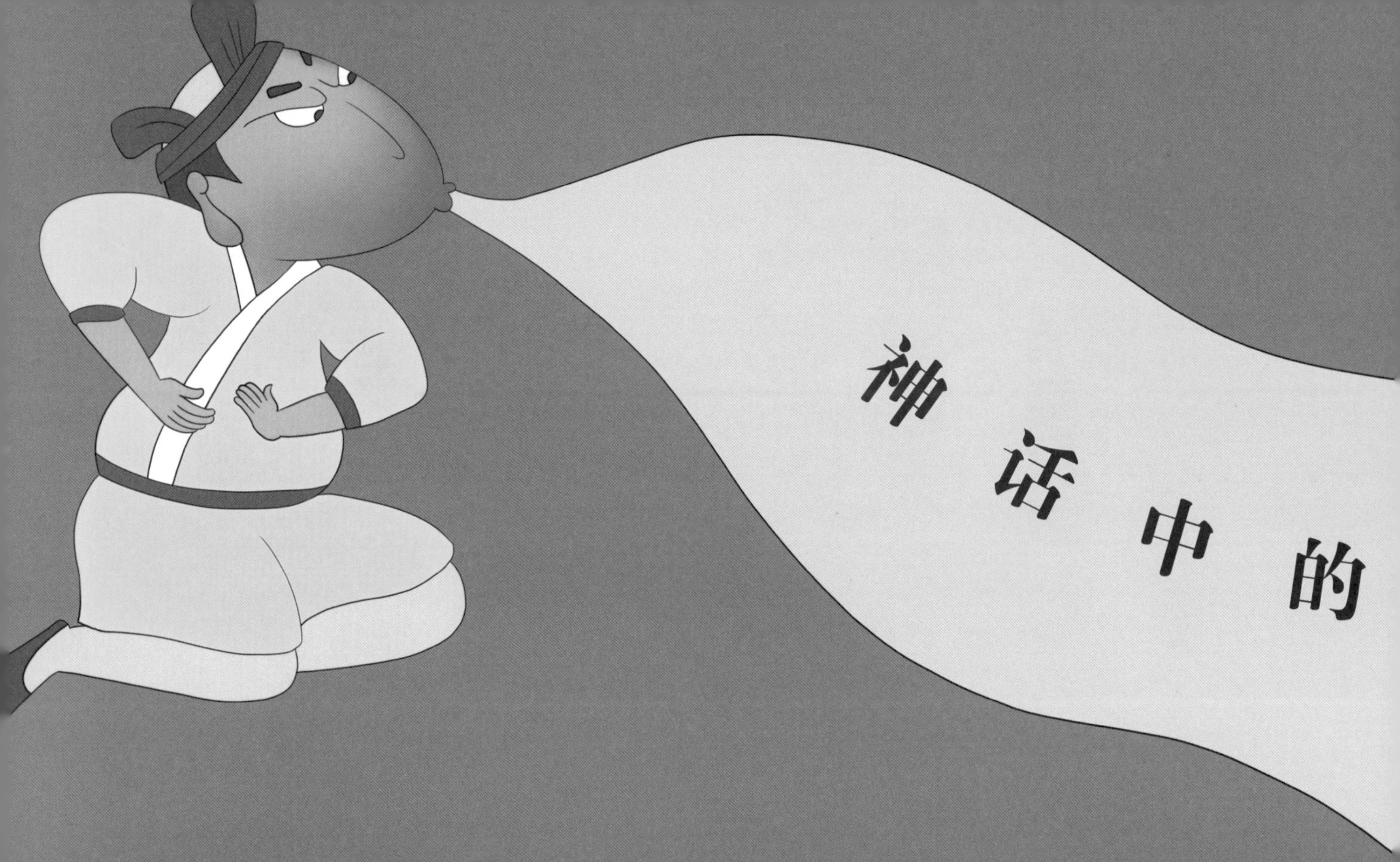

为什么会有风雨雷电呢？古人认为那一定是天上的神仙有了什么小情绪。

风雨雷电

在汉代人所描绘的神话世界中，仙人们每天也是忙忙碌碌的，他们各司其职，井然有序地工作着。

羽人
西王母
风伯

调皮的风伯

风伯在汉画像石中有两种形象，一种是神禽形象——飞廉（lián）。

羽人与飞廉
河南南阳引风庄出土

另一种是人的形象，他可以一口气把房子吹倒。

闪电
雷神
雨师

风伯拔屋
山东嘉祥五老洼汉墓出土（图版水平翻转）

下雨喽

汉画像石中的雨师喜欢团队合作，多是一起提着水罐向下倾倒。

自古旱涝常有，降雨量的变化直接影响人们的生活。人们为了祈求风调雨顺，想象出了黄河水神——河伯。

河伯出行
河南南阳王庄窑场汉墓出土（图版水平翻转）

风雨雷电
河南南阳王庄窑场汉墓出土

轰隆隆的雷声从哪儿来

盛夏雨多，常伴有雷电，有时雷电会击物伤人。汉画像石中是这样描绘雷神工作场景的：有时是一个仙人击鼓，有时是几个仙人拉着石球在崎岖的云气上滚动，发出轰隆隆的响声。闪电是仙人用斧子凿击出的火花。

人类第一次知道火，是源于一种自然现象——雷击起火。后来，人们发明了钻木取火、用火镰取火、用阳燧取火等取火方式。

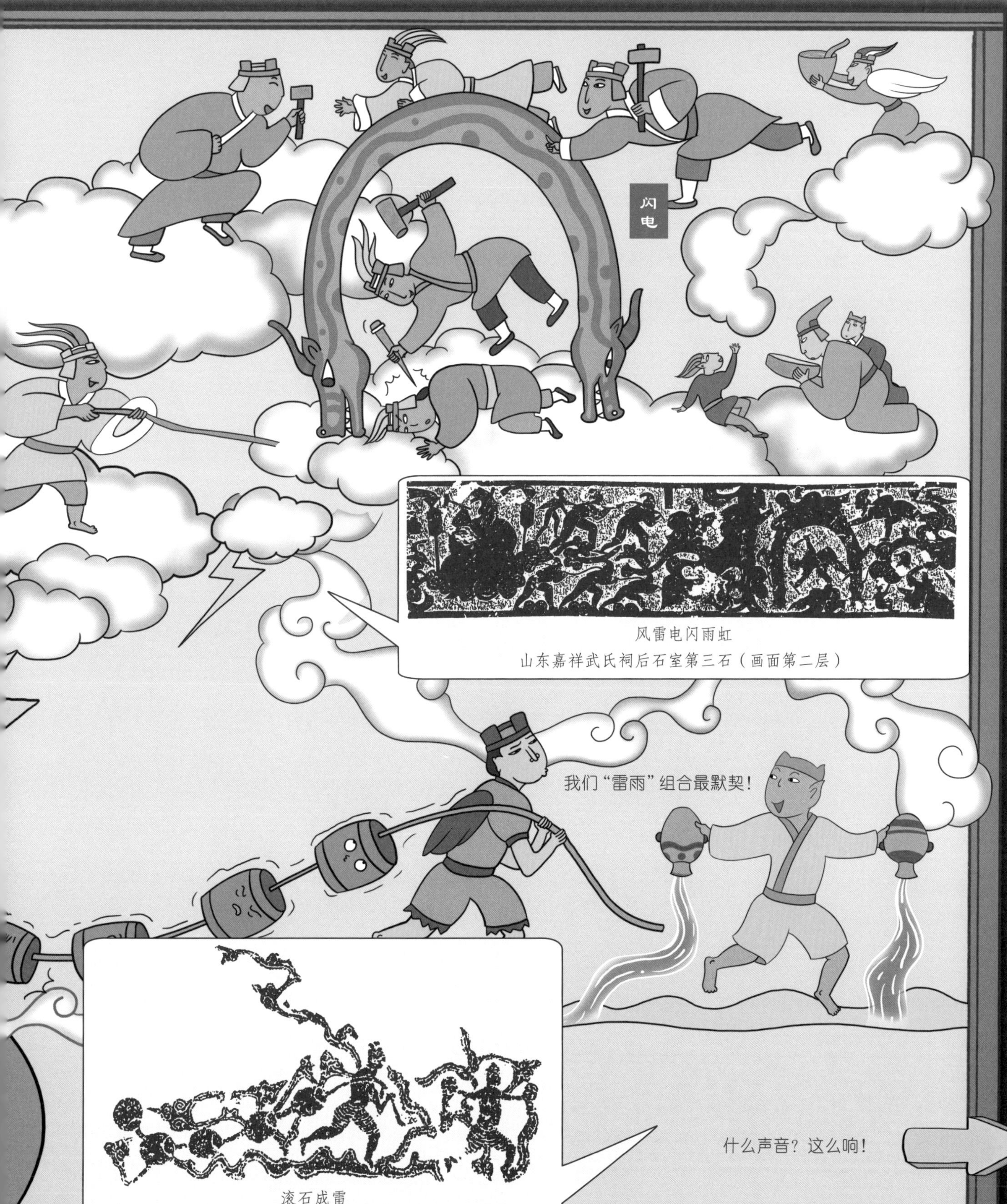
闪电
我们“雷雨”组合最默契！
什么声音？这么响！

风雷电闪雨虹
山东嘉祥武氏祠后石室第三石（画面第二层）

滚石成雷
江苏铜山洪楼祠堂屋顶坡面（局部）

快跑，雷神生气了

怒发冲冠的雷神让一个盛夏的夜晚雷声轰鸣……古人认为，如果有人做了坏事，便会受到雷神的惩罚。

雷神·风伯
江苏邳州出土，私人收藏

江　南
汉乐府
江南可采莲，荷叶何田田。
鱼戏莲叶间。鱼戏莲叶东，
鱼戏莲叶西，鱼戏莲叶南，
鱼戏莲叶北。

雨过天晴啦

雨过天晴，空中密布的小水珠经日光照射发生折射和反射作用而形成的弧形彩带便是虹。汉画像石中，拱形彩虹的造型便是一只叫“虹”的神兽跨越天际。

彩虹出水神行

江苏邳州占城出土（图版水平翻转）

甲骨文中"虹"字的写法。

汉画像石中龙头彩虹的形象与甲骨文中"虹"字的写法相似。长长的龙身可以横跨江湖，两端的龙头吸水，是为下次降雨做准备。有时天空中还会出现两道彩虹，另一道被称作"霓"。人们崇拜虹神同崇拜雨师一样，都是希望风调雨顺、万物丰收。

神话中的诸神

在中国神话中，昆仑山是众神聚集的神秘圣地，那里还居住了很多光怪陆离的神兽。那么，汉画像石里又刻画了仙界中的哪些神怪呢？

鸡首西王母
陕西绥德出土

画像石上的众神

月神
女娲
伏羲
咦？后面那位抱着伏羲、女娲的神秘神仙是谁呢？

胜
山东嘉祥武梁祠画像石

胜

胜是一种金玉材质的首饰，象征着权威与高贵。

盘古开天辟地
山东沂南北寨村汉墓画像

太一

传说中的天神。

西王母

西王母是中国古代神话中最有名的女神之一。《山海经》中描述了她的外形——“豹尾虎齿而善啸，蓬发戴胜”，她是一个掌管瘟疫刑罚的凶神。

东王公

因为汉代人喜欢对偶的形式，所以出现了作为西王母配偶的东王公。

西王母
河南郑州出土空心砖印纹

日神

昆仑山上的王者——西王母

西王母和伏羲女娲
山东滕州桑村镇大郭村出土

西王母是神仙的首领，掌管着不死之药。

昆仑神兽职责表

三青鸟、九尾狐取食
玉兔、蟾蜍捣药
羽人饲凤
凤凰制衣
荣成
白天值班
双头兽
夜晚值班
开明兽
守护天门

玉兔

西王母身边的每个神兽都有明确的分工：三青鸟、九尾狐为西王母取食；玉兔、蟾蜍负责制作不死之药；羽人给凤凰喂食；凤凰为西王母制作华服；荣成在昆仑山值白班护山；到了夜晚就由双头兽负责巡夜；最厉害的开明兽则专职守护天门。

听说有一样东西象征着西王母的威严。

威严的象征——龙虎墩

西王母
四川南溪城郊出土

汉画像石中的西王母多是坐在龙虎墩（dūn）上，居于天地之间，驾龙骑虎，显示出一种威严气象。

升仙必备交通工具

不是每个人都可以羽化登仙长出翅膀的。人们想要登仙到昆仑山，就需要乘坐动物牵引的车。如果人们想要拜见西王母，就必须先把车辆停在天门外，然后步行走进去。其中龙、虎、鹿牵引的车最受推崇。

昆仑山停车场
打起精神！
开明兽
虎
龙
鸟
鹿
龟
鱼
最佳

从龙车到十字穿环

龙和璧
江苏徐州睢宁双沟出土

龙车是所有神车中最顶级的，它可以上天下水，行驶的路程也最远。

"璧"是"天门"的象征。

想要升仙，一是乘龙，二是穿过玉璧。于是便有了龙穿璧的组合。

在汉画像石上，汉代人营造了一个自由浪漫的神仙世界。他们相信人死后会前往另一个世界，生命也从而以另一种方式延续着，这便是汉代人对生命永恒的追求。

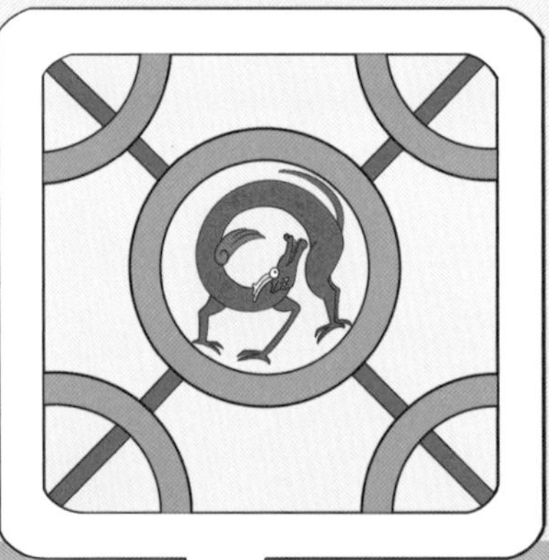

二龙穿璧也是天门的象征。

二龙穿壁的简化
龙简化成了线
玉璧简化成了圆

玉璧！

具象的龙穿璧演化成了抽象的十字穿环，最终形成了一种特殊的装饰符号。当我们看到汉画像石中斜线与圆圈穿插组合而成的图案时，便知道这是升天的工具与象征。

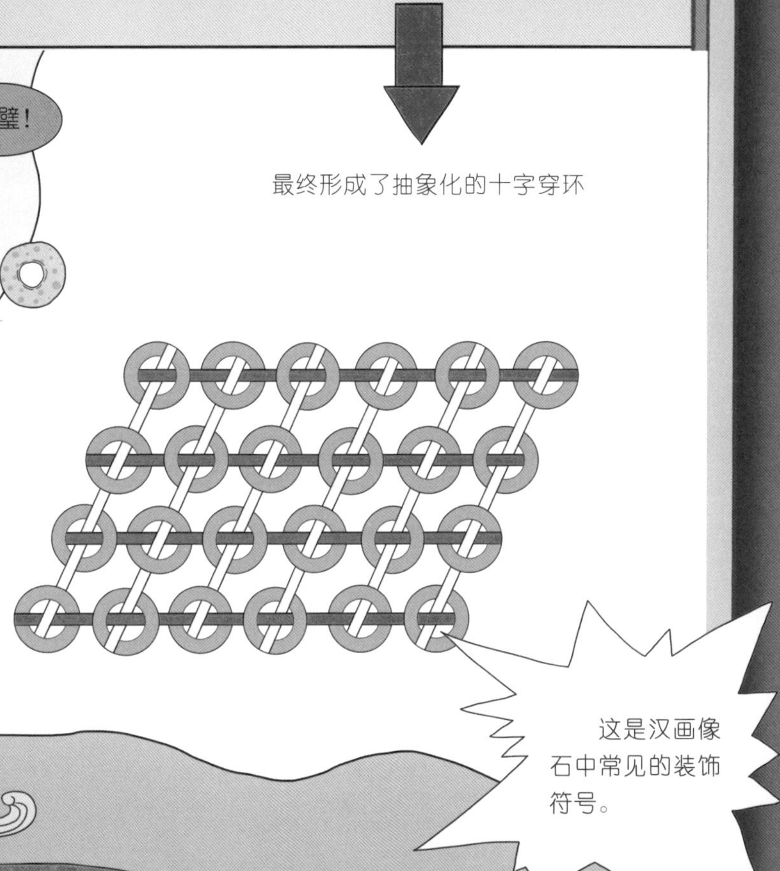
最终形成了抽象化的十字穿环
这是汉画像石中常见的装饰符号。

穿璧与祥瑞
江苏徐州十里铺汉墓出土

可爱的侍者

汉画像石中西王母身边有很多半人半兽的侍者。有的侍者形象很可怕，他们的职责是保护神灵，威慑侵犯者。据说他们的形象越可怕，威慑力就越大。

不同动物的神怪造型，有着不同的崇拜寓意。比如鸡首人身神怪象征了太阳神；牛首人身神怪，象征对母性的崇拜；马首人身神怪，寓意希望可以战无不胜，保卫家园；人首蛇身的烛龙，掌握着时令节气，可以保佑农业生产风调雨顺。

兔
龙
蛇
马上到了。
马
羊
猴
鸡
烛龙

十二生肖陶俑

1955年，陕西西安韩森寨出土了一组唐代的十二生肖陶俑，它们也是半人半兽的造型。

我们是炎黄子孙

中国古代神话传说中，“三皇五帝”是最早的帝王。我们现在仍被称作“炎黄子孙”，就是指炎帝和黄帝的后代。在汉画像石中，炎帝和黄帝有两种形象。一种是帝王形象，另一种则是神话了的形象。

炎帝神农氏
江苏徐州汉画像石
艺术馆藏

炎帝，为传说中上古姜姓部落首领。炎帝和神农氏本是不同的神，到了秦汉时期，人们把两者合为一体，炎帝便成为农业与医药学的创始者。也可能还与农业有关，神话中的炎帝有时还是牛头造型。

黄帝
神话形象

黄帝，原为姬姓部落的首领，号轩辕氏。神话中的黄帝有时会有着熊的外貌，也被称作“有熊氏”。

人文初祖
帝王形象

飞黄

飞黄，黄帝身边的一匹神马。龙车虽然是升仙的最佳脚力，但是龙毕竟只存在于神话中，在现实中马便成了龙的替身，于是便有“如龙之马”的说法。典故“飞黄腾达”便是由此而来。

黄帝有熊氏
江苏徐州汉画像石艺术馆藏

黄帝出行啦

黄帝
风伯
水
金
土
木
火
我会使用那么多兵器，还是输了！好生气！
蚩尤

黄帝在阪泉之战与涿鹿之战中，大获全胜，牢牢地掌握了统治权。在汉画像石中，黄帝乘坐的五星车代表了金、木、水、火、土五行，黄帝居于五星中央，统治着四面八方。

蚩尤五兵（局部）
山东嘉祥武氏祠画像石

天神风雨图
河南南阳王庄出土

方位神

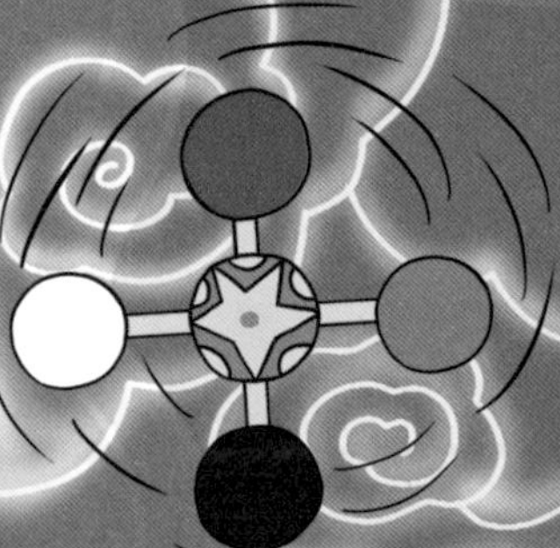

青龙、白虎、朱雀、玄武被视为镇守四方的神。它们对应了五行、方位和四季。它们掌管天上的二十八星宿，守护人类的灵魂。

天象图

河南南阳麒麟岗出土

朱雀
夏
青龙
春
太一
玄武
冬

神话中的万物皆有灵

汉代的人们崇尚万物皆有灵，汉画像石中的仙人在空中自由飞翔，漫游山川，采摘灵芝，与瑞兽嬉戏，用仙草喂食仙鹿。

伏羲·鸡头神图
山东临沂出土
（图版水平翻转）

中国自古以来就非常喜欢祥瑞的题材，这是一种对美好生活的憧憬。鸡羊组合，谐音为吉祥。“羊”字在古代与“祥”通用。

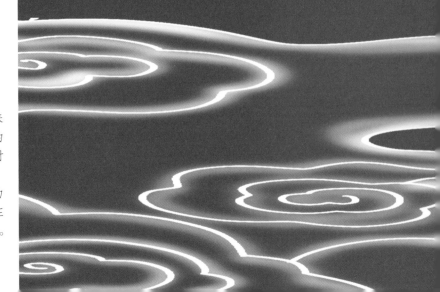

吉
祥

翼兽的出现

汉画像石中出现了大量翼兽形象。翼兽可以往来于天地之间，同时也代表了祥瑞的降临。我国古代的鸟图腾与后来西方翼兽造型相融合，便产生了这种具有多文化特征与多种装饰风格的结合体。

哈
哈
哈
好可怕！
好可怕！
好可怕！

其实我
很可爱的！

表里不一的怪兽

铺首一般安装在大门上，是开关大门时的把手，客人来访时可轻击门环。别看铺首的外表有点凶，其实它是个正义使者。狰狞可畏的外表可以起到辟邪与震慑入侵者的作用。

我代表了永恒的轮回。

铺首

铺首中的圆环由玉璧简化而来，系在铺首上的绶带由双龙简化而来。铺首简化后的形象就是十字穿环。

二龙穿璧
河南南阳方城出土（画像砖）

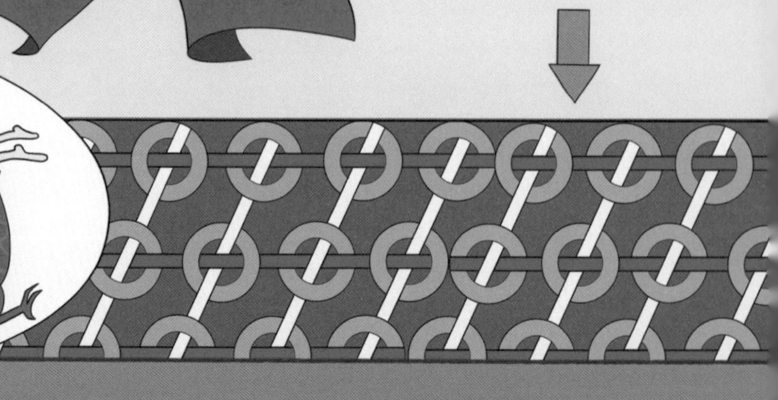

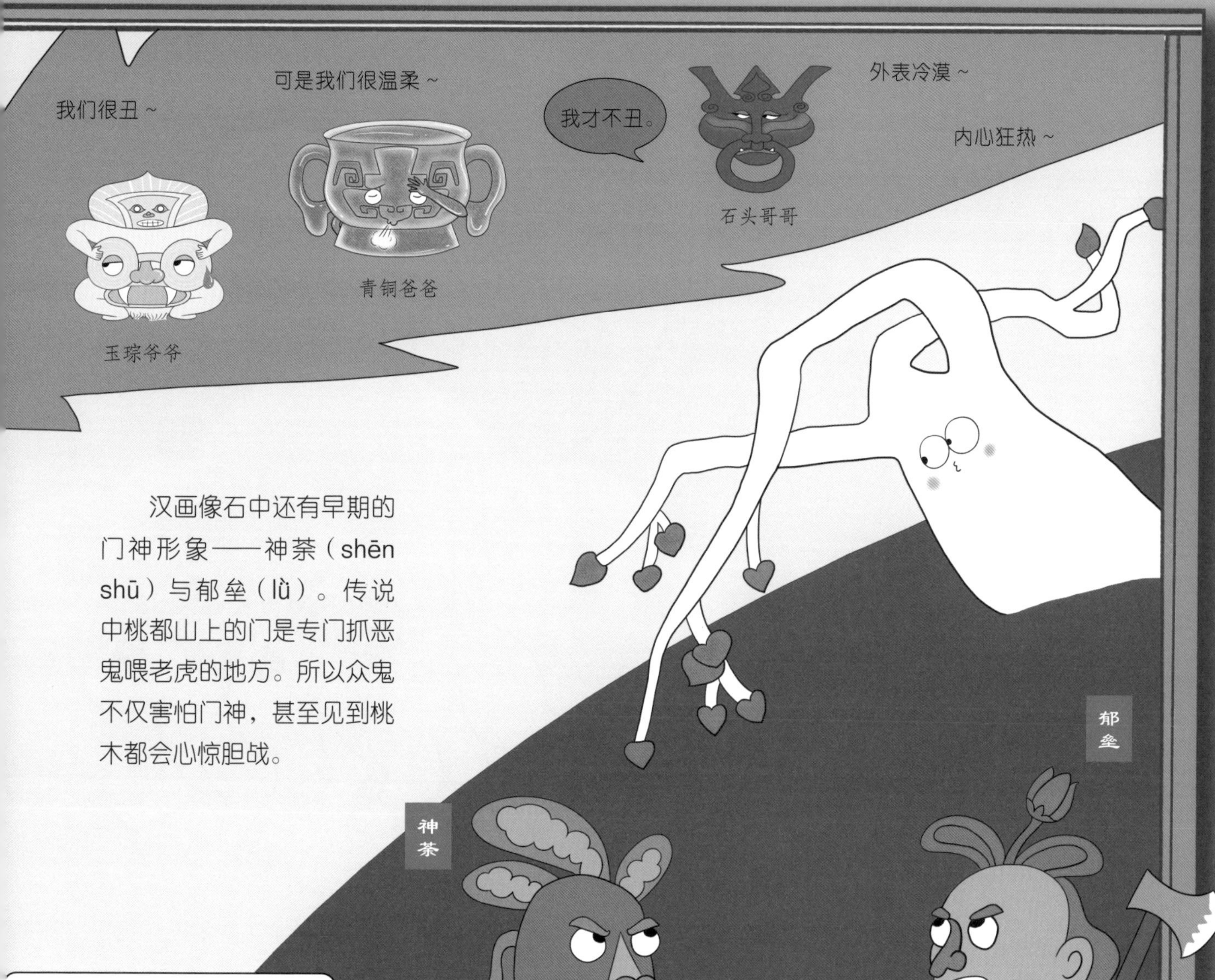
我们很丑～
可是我们很温柔～
玉琮爷爷
青铜爸爸
我才不丑。
石头哥哥
外表冷漠～
内心狂热～
神荼
郁垒

汉画像石中还有早期的门神形象——神荼（shēn shū）与郁垒（lǜ）。传说中桃都山上的门是专门抓恶鬼喂老虎的地方。所以众鬼不仅害怕门神，甚至见到桃木都会心惊胆战。

神荼郁垒
河南南阳东关出土

好事成双

中国人自古便喜欢成双成对、双宿双飞的和谐之美。在汉画像石中有很多对称的图形。

比目鱼
浙江海宁长安镇出土

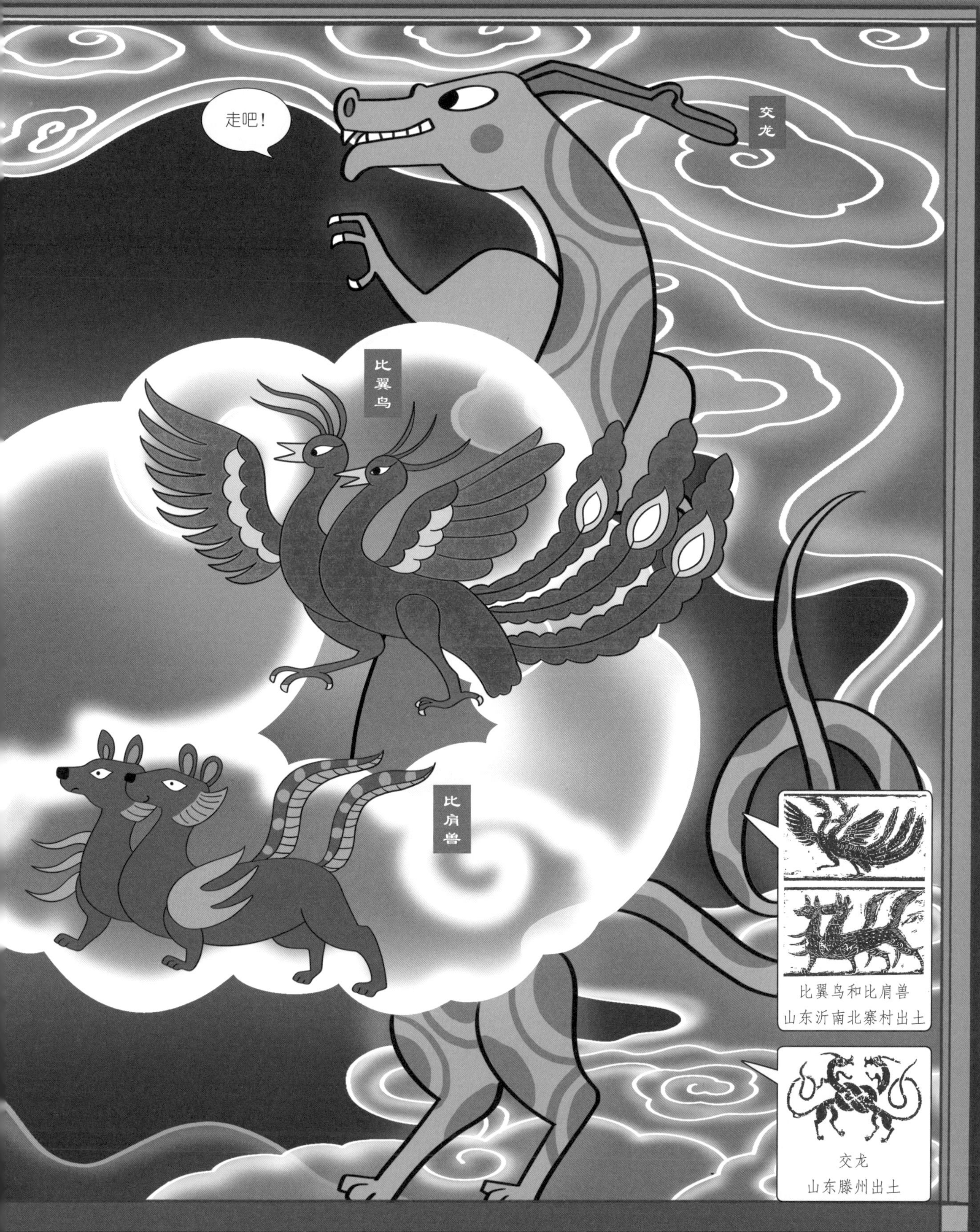

比翼鸟和比肩兽
山东沂南北寨村出土

交龙
山东滕州出土

树神

山有山神，路有路神，那么千年古树也可能是位神仙吧。唐代诗人白居易有诗云：“在天愿作比翼鸟，在地愿为连理枝。”诗中的比翼鸟与连理枝，在汉画像石中也成为一种表现对象。

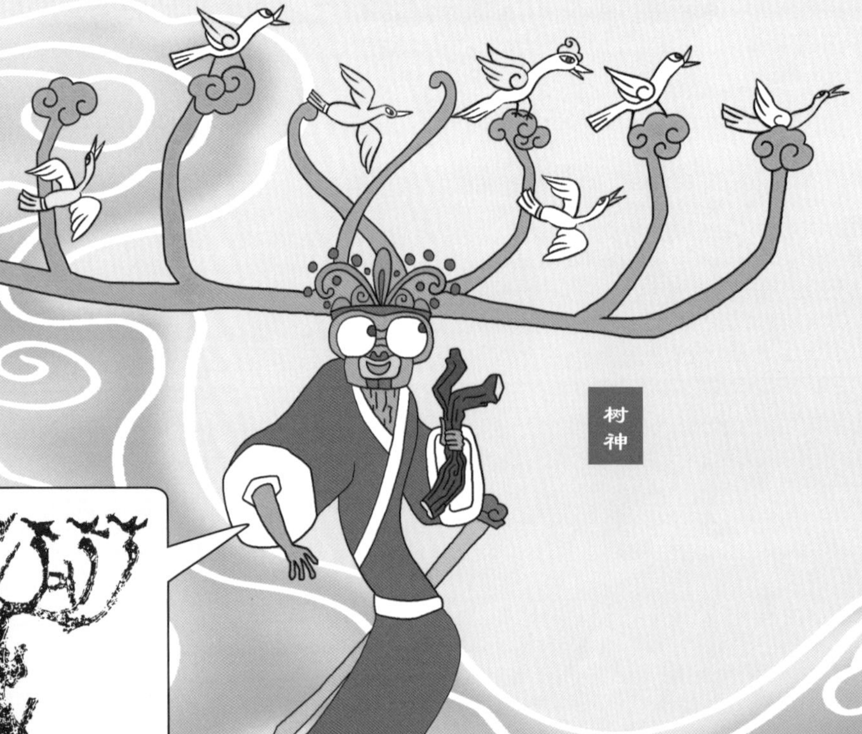

树神
山东邹城卧虎山石椁画像

木连理
山东嘉祥武氏
画像石

木连理

幻想升仙图
安徽定远靠山出土

从神话到现实

神话带有历史的影子，但并不是真正的历史。那么神话就没有存在的价值了吗？当然不是！神话看似天马行空，但它是人类智慧的起点，是灵感迸发的催化剂。我们祖先的那些幻想，就真的永远无法实现吗？

神奇的蓂荚

蓂荚（míng jiá）是古代传说中一种瑞草，它有自动记日的功能，上半月一天长一个蓂荚，15 天长满。从第 16 天开始，一天落一个蓂荚。从长出第一个蓂荚到脱落最后一个蓂荚整 30 天，正好为一个月。如果是小月，就会有一个蓂荚枯萎，但是不会落下。所以看到荚数的多少就可以知道今天是哪一天。

蓂荚
山东嘉祥武氏祠画像

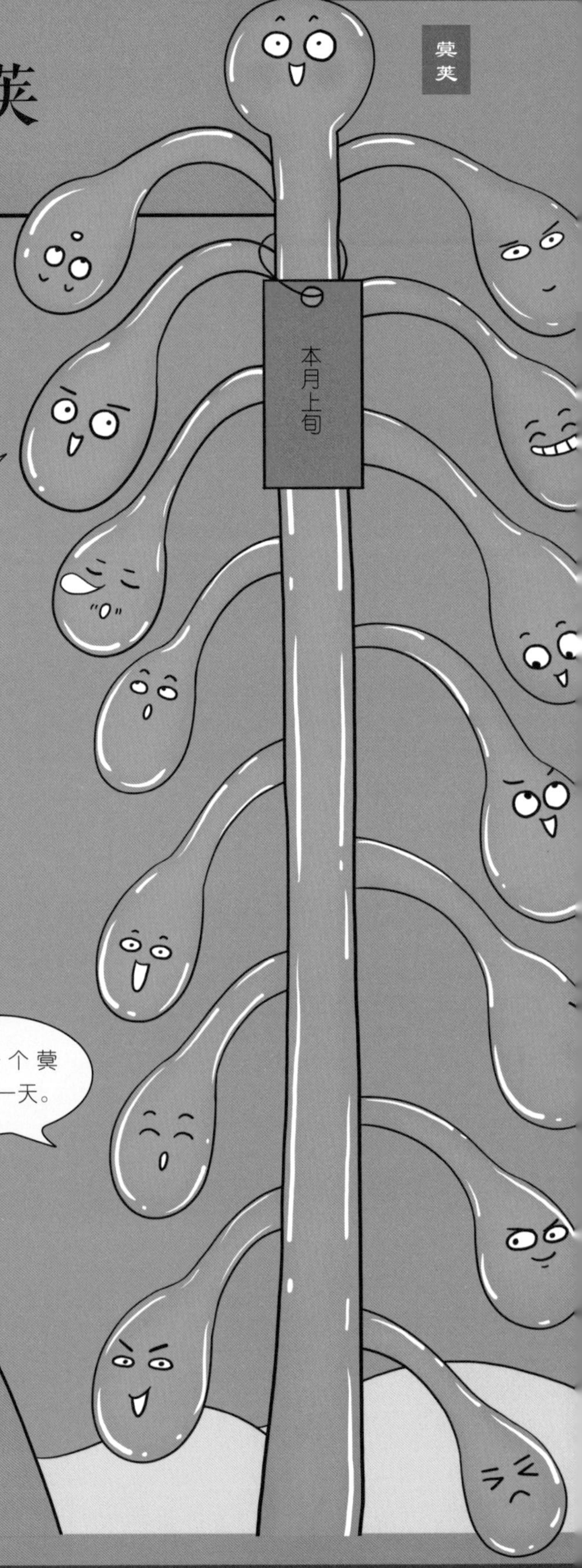

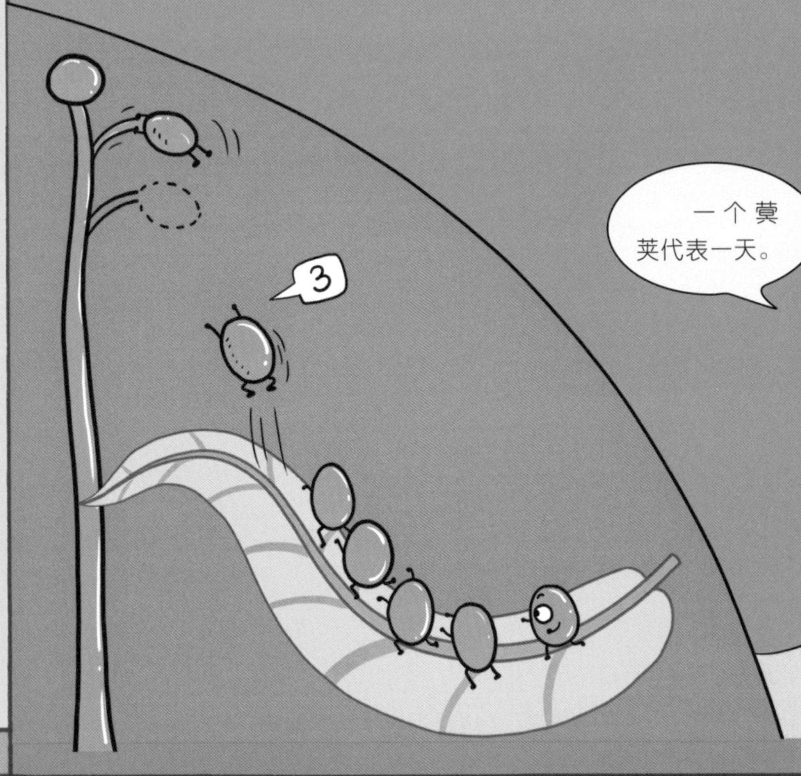

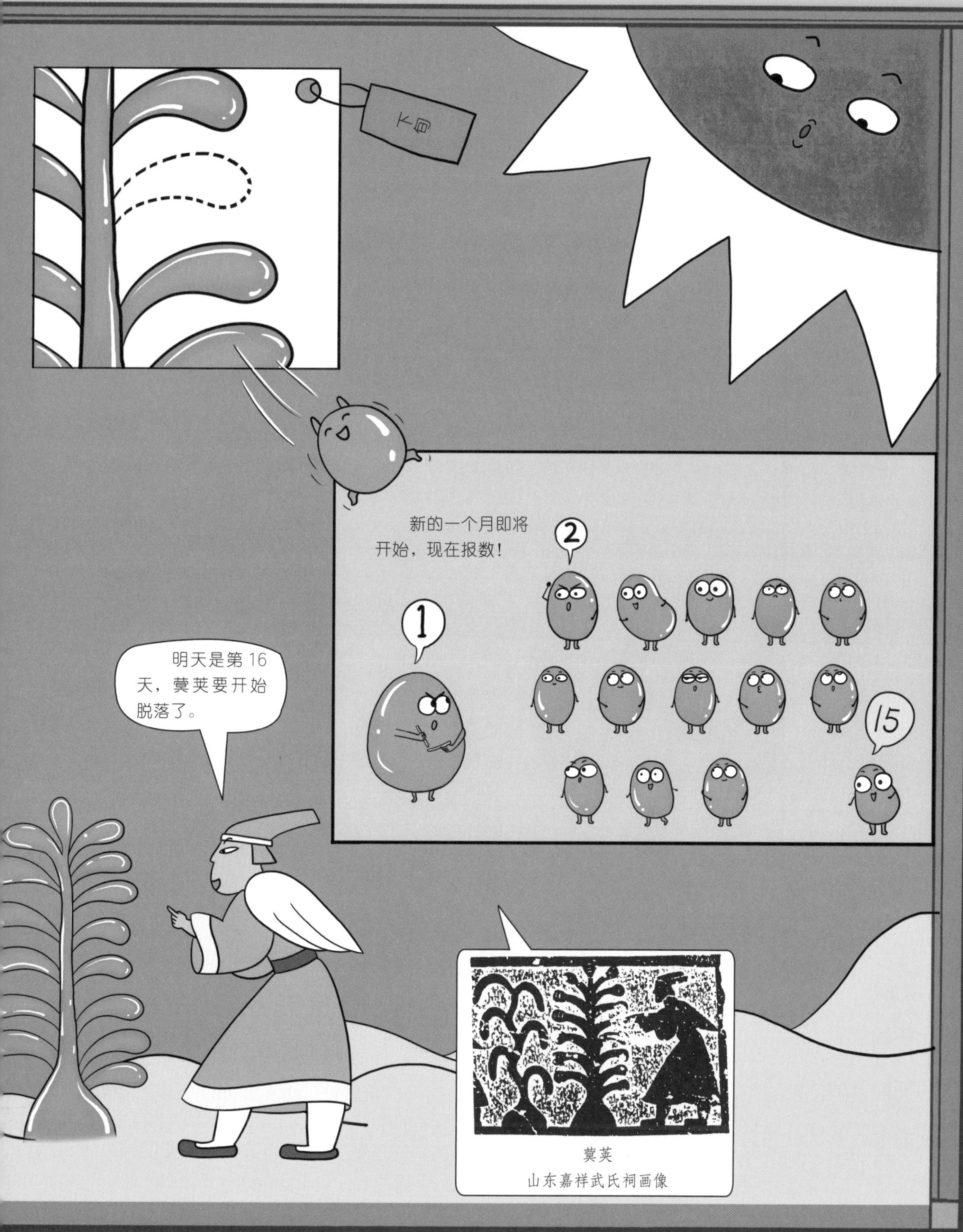
下旬
新的一个月即将开始，现在报数！
1
2
15
明天是第 16 天，蓂荚要开始脱落了。
蓂荚
山东嘉祥武氏祠画像

自动出风的萐莆

萐莆（shà pú）是传说中的一种瑞草，可以自动旋转出风，让食物保持寒凉，不易腐臭，同时还可以驱杀虫蝇。在汉画像石中，它是生长在王者厨房里的“自动风扇”。

萐莆
江苏徐州睢宁九女墩汉墓出土
（图版水平翻转）

热得我都要坏掉了！
好凉快！

神鼎牌电饭锅

鼎，在古代最初是一种炊具。据说汉画像石中的神鼎可以不炊自熟，五味自生。这神鼎好像比我们现在的电饭锅还厉害呢。

护鼎图
江苏徐州睢宁九女墩汉墓出土

祥瑞图
江苏徐州睢宁九女墩汉墓出土（图版水平翻转）

龙虎与鼎
四川宜宾弓字山崖墓出土

华平

传说中的一种瑞草，还有一种解释为“九枝灯”或“九华灯”。

叮！时空转换器

当人们看到植物在四季更替中从衰败到再生，有着强大的生命力时，便希望自己能同植物一样在花朵中实现新生，于是便把花当成了神崇拜。

多么美好
花
华
花，在古代与“华”通用。

似花非花
四川彭山出土

华夏民族的“华”，本意便是“花”。方花，亦作“芳华”，芳香的花，寓意美好的年华。

汉代人认为方花纹可以让时空加速运转，使往生者迅速进入仙境，得以长生或再生，这是人们对生命永恒的美好愿望。
永生、再生的符号。
四瓣花　八瓣花
山东沂南汉墓
画像石
西
东
南
方，代表着方向。
古人常以自己为中心，
向自己四周观察。
转到哪，
就去哪～
指南针
西北
东北
西
东
南
西南
东南
花朵作为永生的象征，也影响了从印度传来的佛像。

羽化登仙

仙

“仙”是一个会意字，人升高成仙。汉代是羽人形象的全盛时期，羽人则是西王母身边的天使。

体轻如鸟。
身长羽毛。
大耳出颐。
羽人
吃芝草。
餐云气。
不食五谷。

羽人
山东沂南北寨村出土(局部)
(图版水平翻转)

嘉禾 嘉禾是五谷之首，但羽人不吃，他们只吃芝草。

今天好准时呀!

芝草 芝草代表了帝王的圣德，是善良与孝顺的象征。芝草作为瑞草最早出现在西汉时期。

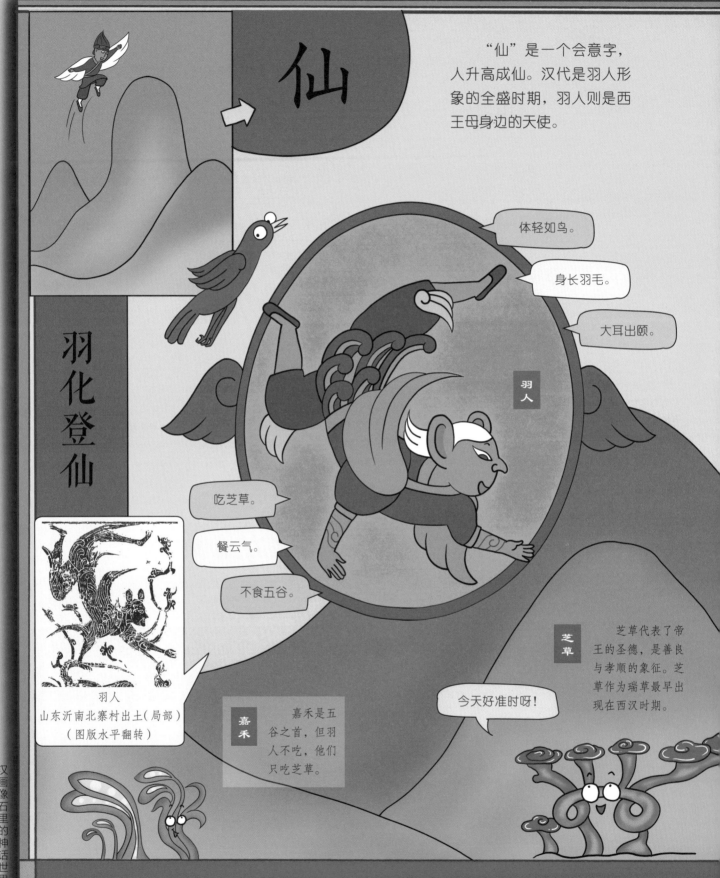

??
怎样才能成为一个羽人呢？
1
首先成为有德之人。
2
求仙药。
3
吃仙药。
4
经过3至5天的消化。
羽人待遇：
一、从此长生不老；
二、掌握不死之药；
三、拥有拯救人类的法力。
这不就是我梦寐以求的吗？
5
锵锵锵！
我成为一个羽人了！

开始人类羡慕鸟可以飞。
人类幻想自己可以飞。
好羡慕！
羽人
敦煌飞天

羽人、飞仙、飞天其实都是神话中的神仙，只是他们在不同的时期有着不同的叫法。

人类的航天梦

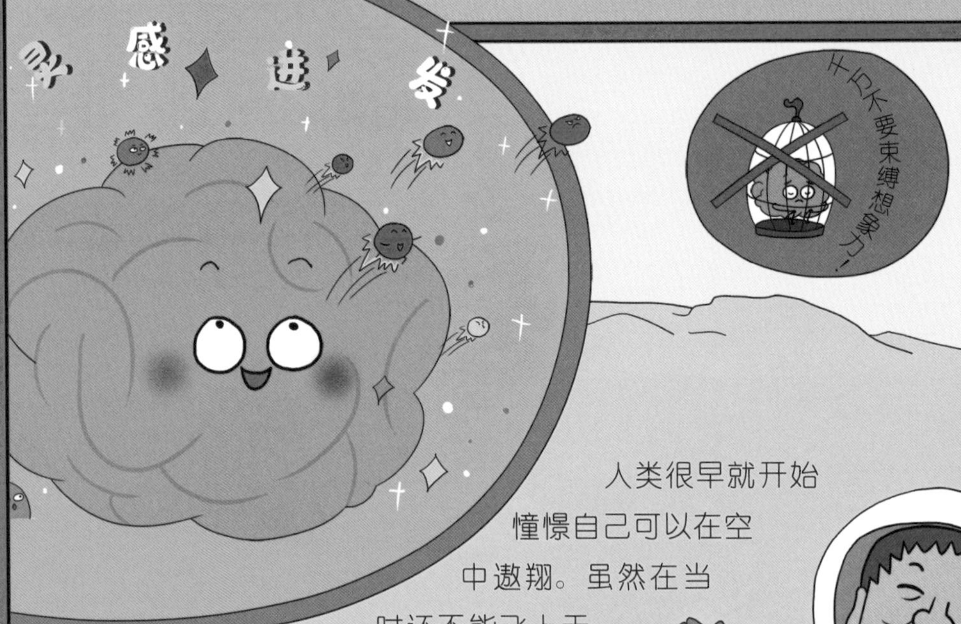
千万不要束缚想象力！

人类很早就开始憧憬自己可以在空中遨翔。虽然在当时还不能飞上天，但人们却发明了很多可以飞上天的物品。如今，我们终于把幻想变成了现实，不仅飞上了天空，还进入了太空。

2003 年 10 月 15 日，中国自行研制的神舟五号载人飞船在酒泉卫星发射中心成功发射，中国航天员杨利伟被送上太空。10 月 16 日 6 时 23 分，神舟五号返回舱成功着陆。中国首次载人航天飞行圆满成功，这是中国航天史上的里程碑式的事件。

航天员

最终人类实现了飞。

所以要实现这个愿望，需要两点：

方法和时间

古人发明的可以飞上天的物品

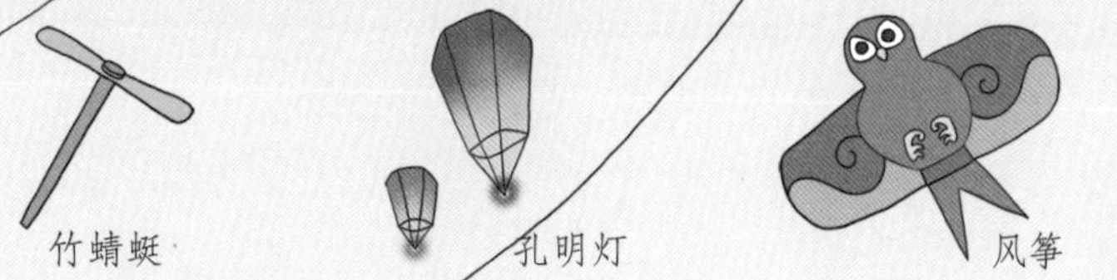
竹蜻蜓
孔明灯
风筝

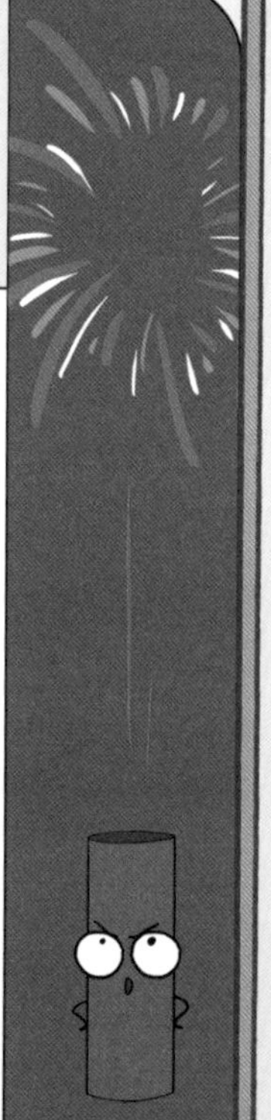
烟花

万户飞天

我马上就可以上天了！
我们点完马上跑开！

明代有一个极富想象力的人叫万户，他迷恋上天。晚年时他把 47 枚火箭捆绑在座椅上，两手各拿一个大风筝。然后叫他的仆人同时点燃 47 枚大火箭，设想借助火箭的推力加上风筝上升的力量起飞。遗憾的是，万户不幸因火箭爆炸而遇难，他也因此被认为是人类进行载人火箭飞行尝试的先驱。

汉代不仅有一部文字记载的历史——《史记》，还有一个图像呈现的世界——汉画。

附录——汉画小课堂

司马迁 西汉伟大的史学家、文学家、思想家。他创作了中国第一部纪传体通史《史记》。该书记载了从上古传说中的黄帝时期到汉武帝元狩元年的历史，长达3000年左右。

汉画像石

刻 在石头上雕刻。

拓子

汉画像砖

印 在泥未干时放入木制模具，印出图案。

帛画

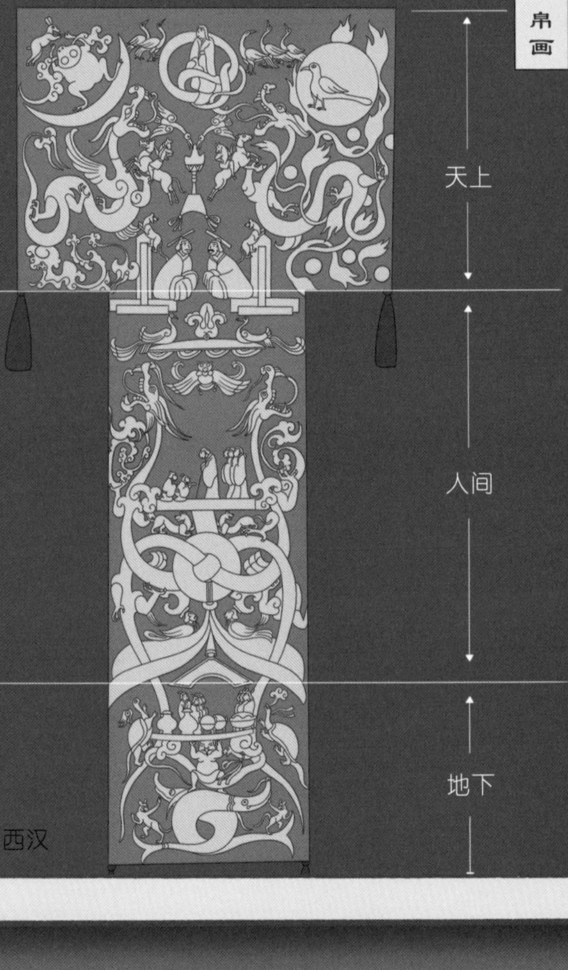

T型帛画 西汉

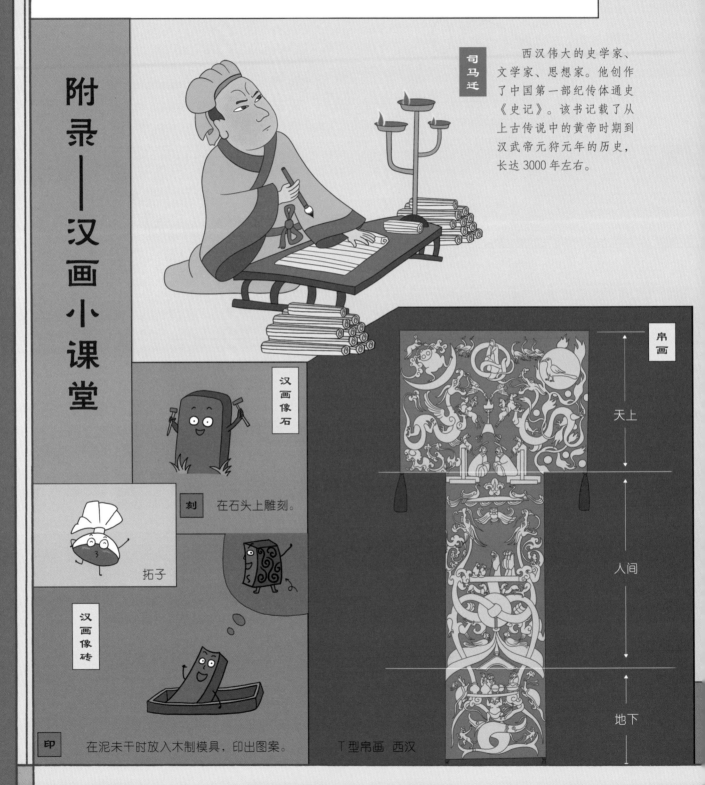

汉画，包括汉画像石、汉画像砖、壁画、帛画、漆画、玉器装饰、铜镜纹饰等图像资料。

壁画
四神云气图 西汉
金缕玉衣 西汉
玉器装饰
漆画
孔子像漆衣镜（复制品） 西汉
玉龙 西汉
铜镜纹饰